“十三五”国家重点图书出版规划项目
交通运输科技丛书·公路基础设施建设与养护



GONGLU DE GUSHI

# 公路的故事

徐 剑 著

人民交通出版社股份有限公司
北 京

## 内 容 提 要

为推动公路工程知识的普及，提升公众尤其是中小学生对公路的认知和兴趣，营造良好的行业发展氛围，本书结合多年的公路工程研究成果和工程经验，以通俗易懂的语言和图文并茂的方式，系统介绍公路发展历史、现状、未来，以及公路工程材料、公路工程建造、公路运营维护等内容。

本书可作为中小学生了解公路工程基础知识的科普用书。

**图书在版编目(CIP)数据**

公路的故事 / 徐剑著. — 北京 : 人民交通出版社股份有限公司，2020.7
ISBN 978-7-114-16504-7

Ⅰ. ①公… Ⅱ. ①徐… Ⅲ. ①公路—普及读物 Ⅳ. ①U412.36-49

中国版本图书馆CIP数据核字(2020)第067689号

"十三五"国家重点图书出版规划项目
交通运输科技丛书·公路基础设施建设与养护
GONGLU DE GUSHI

**书　　名：**公路的故事
**著 作 者：**徐　剑
**责任编辑：**周佳楠　周　宇
**责任校对：**赵媛媛
**责任印制：**刘高彤
**出版发行：**人民交通出版社股份有限公司
**地　　址：**(100011)北京市朝阳区安定门外外馆斜街 3 号
**网　　址：**http://www.ccpcl.com.cn
**销售电话：**(010)85285857
**总 销 售：**人民交通出版社股份有限公司发行部
**经　　销：**各地新华书店
**印　　刷：**北京市密东印刷有限公司
**开　　本：**720×960　1/16
**印　　张：**6
**字　　数：**50千
**版　　次：**2020 年 7 月　第 1 版
**印　　次：**2025 年 3 月　第 2 次印刷
**书　　号：**ISBN 978-7-114-16504-7
**定　　价：**45.00元
(有印刷、装订质量问题的图书，由本公司负责调换)

# 总　序

科技是国家强盛之基，创新是民族进步之魂。中华民族正处在全面建成小康社会的决胜阶段，比以往任何时候都更加需要强大的科技创新力量。党的十八大以来，以习近平同志为核心的党中央做出了实施创新驱动发展战略的重大部署。党的十八届五中全会提出必须牢固树立并切实贯彻创新、协调、绿色、开放、共享的发展理念，进一步发挥科技创新在全面创新中的引领作用。在最近召开的全国科技创新大会上，习近平总书记指出要在我国发展新的历史起点上，把科技创新摆在更加重要的位置，吹响了建设世界科技强国的号角。大会强调，实现“两个一百年”奋斗目标，实现中华民族伟大复兴的中国梦，必须坚持走中国特色自主创新道路，面向世界科技前沿、面向经济主战场、面向国家重大需求。这是党中央综合分析国内外大势、立足我国发展全局提出的重大战略目标和战略部署，为加快推进我国科技创新指明了战略方向。

科技创新为我国交通运输事业发展提供了不竭的动力。交通运输部党组坚决贯彻落实中央战略部署，将科技创新摆在交通运输现代化建设全局的突出位置，坚持面向需求、面向世界、面向未来，把智慧交通建设作为主战场，深入实施创新驱动发展战略，以科技创新引领交通运输的全面创新。通过全行业广大科研工作者长期不懈的努力，交通运输科技创新取得了重大进展与突出成效，在黄金水道能力提升、跨海集群工程建设、沥青路面新材料、智能化水面溢油处置、饱和潜水成套技术等方面取得了一系列具有国际领先水平的重大成果，培养了一批高素质的科技创新人才，支撑了行业持续快速发展。同时，通过科技示范工程、科技成果推广计划、专项行动计划、科技成果推广目录等，推广应用了千余项科研成果，有力促进了科研向现实生产力转化。组织出版

“交通运输建设科技丛书”，是推进科技成果公开、加强科技成果推广应用的一项重要举措。“十二五”期间，该丛书共出版72册，全部列入“十二五”国家重点图书出版规划项目，其中12册获得国家出版基金支持，6册获中华优秀出版物奖图书提名奖，行业影响力和社会知名度不断扩大，逐渐成为交通运输高端学术交流和科技成果公开的重要平台。

“十三五”时期，交通运输改革发展任务更加艰巨繁重，政策制定、基础设施建设、运输管理等领域更加迫切需要科技创新提供有力支撑。为适应形势变化的需要，在以往工作的基础上，我们将组织出版“交通运输科技丛书”，其覆盖内容由建设技术扩展到交通运输科学技术各领域，汇集交通运输行业高水平的学术专著，及时集中展示交通运输重大科技成果，将对提升交通运输决策管理水平、促进高层次学术交流、技术传播和专业人才培养发挥积极作用。

当前，全党全国各族人民正在为全面建成小康社会、实现中华民族伟大复兴的中国梦而团结奋斗。交通运输肩负着经济社会发展先行官的政治使命和重大任务，并力争在第二个百年目标实现之前建成世界交通强国，我们迫切需要以科技创新推动转型升级。创新的事业呼唤创新的人才。希望广大科技工作者牢牢抓住科技创新的重要历史机遇，紧密结合交通运输发展的中心任务，锐意进取、锐意创新，以科技创新的丰硕成果为建设综合交通、智慧交通、绿色交通、平安交通贡献新的更大的力量！

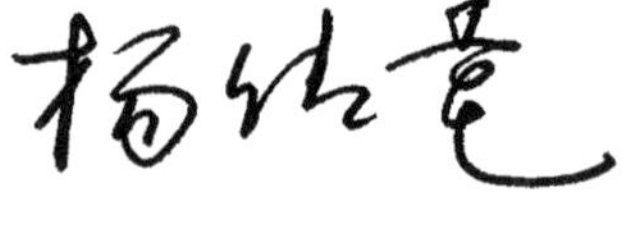

2016年6月24日

# 前言 | Preface

几十年前，交通不便。出行时，盘山路百转千回带来的晕车反应，晴天一身土、雨天一身泥的窘迫，给幼时的我留下了深深的印象。对路的尽头那一片未知世界的憧憬，使小小年纪的我萌生了修路架桥的念头。通过不断的努力，我摆脱大山的束缚，见识到外面的天地，循着梦想进入交通运输领域，从事公路工程研究，与自己心爱的公路事业相依相伴。正因此，很长时间以来就想写一本关于公路的科普书籍，让小朋友们早日认识公路、关注公路，更期盼其中的有志者能够因此成长为公路事业的“同路人”。

公路基础设施是公路运输的载体。有了公路基础设施，才能完成公路运输，才能实现“门到门”服务，并将其他运输方式有效衔接。因此，公路是国民经济中重要的基础设施之一，公路运输也在综合交通运输体系中占据重要性和基础性地位。公路与人的生产生活息息相关，也是国家脱贫攻坚战略、“一带一路”倡议的重要抓手。

公路为了实现运输而诞生，为了方便和改善运输而不断提质升级，同时也因为承载运输而不断损坏衰老，为了恢复运输能力而不断维修养护。公路的一生，是默默无闻地为车辆和行人提供运输服务的一生，既平凡，又不一般。然而，公路的建造和运营维护，并不像其平日展示给人们的那样朴实无华、默默无闻，可以称得上“低调、奢华、有内涵”。首先，公路涉及交通运输工程、土木工程、机械工程、力学、化学、材料科学等多学科，是典型的技术密集型产品。其次，我国高速公路每公里造价已超过亿元，普通公路每公里造价也过千万，是典型的资金密集型产品。第三，公路工程可以吸纳大量的劳动力，是典型的劳动密集型产品。

因此，感兴趣的小朋友，如果想了解更多的公路知识，或长大后“修路架桥”，现在就要打下良好的学习基础。“读懂它”才能更好地“建设它”“使用它”“服务它”！

为推动公路工程知识的普及，提升公众尤其是中小学生对公路的认知和兴趣，营造良好的行业发展氛围，作者结合自身经验和研究成果编写本书。全书由徐剑完成编写，马庆、张盼盼参与了部分编写工作。由于水平所限，书中部分表达方式可能有待进一步完善，我们会不断努力。

愿《公路的故事》给小读者带来知识，带来兴趣，带来憧憬，带来投身祖国公路交通事业的明天。

作　者

2020年1月20日

# 目录 | Contents

# 1

# 想认识一下我吗？

我是提供公路运输服务的基础，公路运输与铁路运输、水路运输、航空运输、管道运输一起称为现代运输“五兄弟”。

公路运输能够实现“门到门”服务，具有十分重要的地位和作用，其他运输方式都需要公路运输衔接。

>> 要想了解我，先来认识我的祖先——路。说起我的祖先，他已经有五千多岁了。

公元前三千年，古埃及人为建金字塔而修的路，可能是世界上最早的路。

丝绸之路，算是最有价值、最伟大的路了。

靠驮马运输茶叶的马帮大军走出了茶马古道。

路漫漫其修远兮，吾将上下而求索。

——屈原《离骚》

秦始皇在统一六国后，修建了秦直道。

>> 这都是老皇历了，我可没那么老。20世纪汽车引入中国，我开始发展、变得成熟。现在的我，越来越帅啦！

早期

这是我六七十年前的样子

发展期

这是我四十年前的样子

现在进行时

这是我现在的样子

**秘籍一：** 拉直。一是平面拉直，减少急弯；二是竖向拉直，减少高低起伏。

▲ 过去

公路线形的改善

▶ 现在

**秘籍二：** 整平。铺上硬的路面，让表面平整，没有坑坑洼洼。

▲ 过去

◀ 现在

**秘籍三：**加宽。如果只有一个车道，对面来车避让都很困难；如果有两个车道，不同方向的车各走各的，但是超车时还要借用对向车道；如果每个方向都有两个甚至更多车道，而且与对向是隔离的，那么行车就更舒适了。

▶ 现在

▲ 过去

**秘籍四：**绿色。增加沿线的绿化、设置动物迁徙通道、设立隔音墙等，使公路在实现交通功能的同时减少对自然环境的影响。

>> 截至2019年底，我国公路总里程达到501.25万公里，是新中国成立之初的60倍。

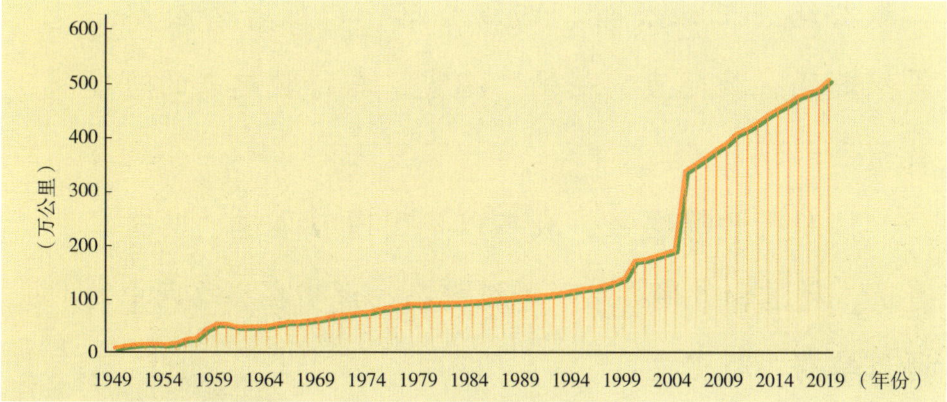


全国公路里程示意图

截至2019年底，我国高速公路里程14.96万公里，是世界第一。

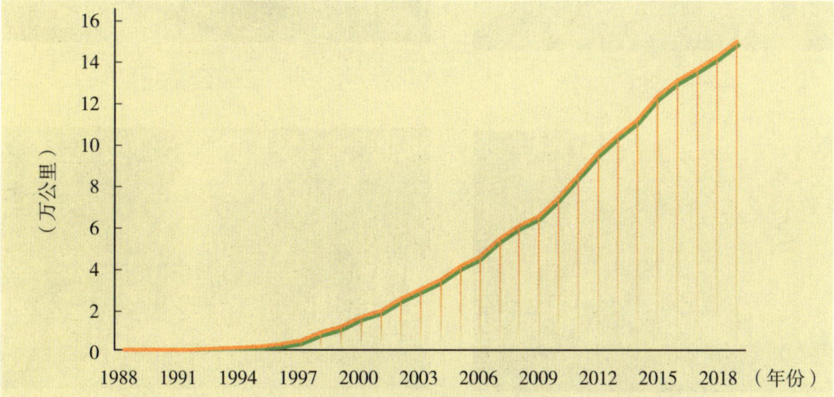


全国高速公路里程示意图

》我可以根据需要变化不同的等级。

按照**技术等级**分，我可以是高速公路、一级公路、二级公路、三级公路、四级公路，以及等外公路。等级越高，就越直、越平、越宽，车行驶起来的速度就越快。

按照**行政等级**分，我可以是国道、省道、县道、乡道、村道和专用公路。等级越高，说明在公路网中的地位越高、越重要。

高速公路

一级公路

二级公路

三级公路

四级公路

>> **高速公路**当然是技术等级里最高的我啦！高速公路与其他公路不同之处为：汽车专用，全封闭，全立交，分向、分车道行驶。

>> 在我的大家庭中，高速、一级、二级公路里程分别占3.0%、2.3%、8.1%，而四级公路占到71.4%，还有6.3%的等外公路。可见，我国未来公路升级改造的任务还非常繁重。

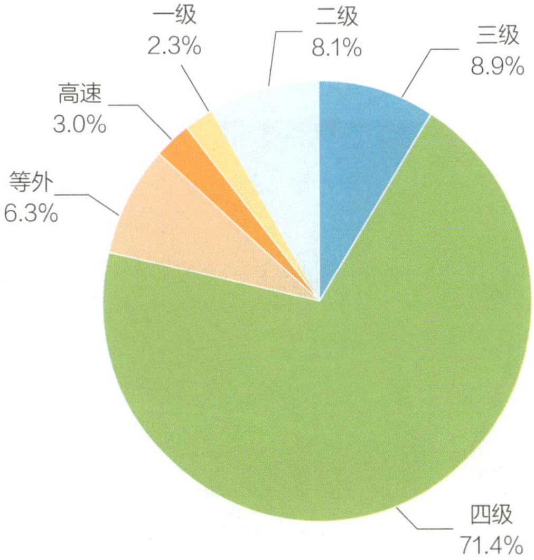

>> **国道**就是行政等级里最高的我啦！

在我的大家庭里，国道里程36.61万公里，占7.3%；省道里程37.48万公里，占7.5%；农村公路（也就是县道、乡道、村道）里程420.05万公里，占83.8%；剩下的1.4%就是专用公路了。

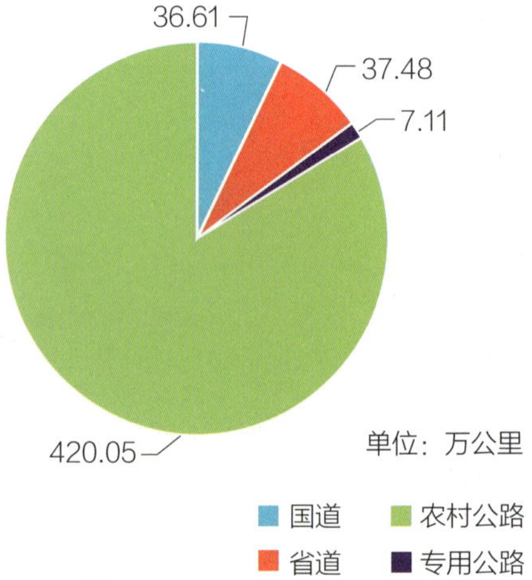


简单学习一下，在我的大家庭里，高速公路和国道是怎么编号的吧。

图中的×××代表1~3位数字。

以首都北京为中心通往全国的呈放射状的国家高速公路，数字只有1位，序号从1开始，按顺时针编号。

举例：北京到上海的高速公路为放射线，按照顺时针排列，编号是G2。

南北走向的，数字为2位奇数，序号从11开始，由东向西升序排列。

举例：鹤岗到大连的高速公路为南北走向，按照顺序排列，编号是G11。

东西走向的，数字为2位偶数，序号从10开始，由北向南升序排列。

举例：上海到西安的高速公路为东西走向，按照顺序排列，编号是G40。

以首都北京为中心，通往全国的呈放射状的普通国道，编号是3位数，以1开头，序号从101开始，按照顺时针方向排列编号。

**G101**

举例：北京到沈阳的普通国道为放射线，是从正北方起的第一条，所以编号就是G101。

南北走向的普通国道，编号以2开头，序号从201开始，由东向西升序排列编号。

东西走向的普通国道，编号以3开头，序号从301开始，由北向南升序排列编号。

举例：国道318线横跨中国东西部，东起上海，途经江苏、浙江、安徽、湖北、重庆、四川，终点为西藏聂拉木县，是目前我国最长的国道。

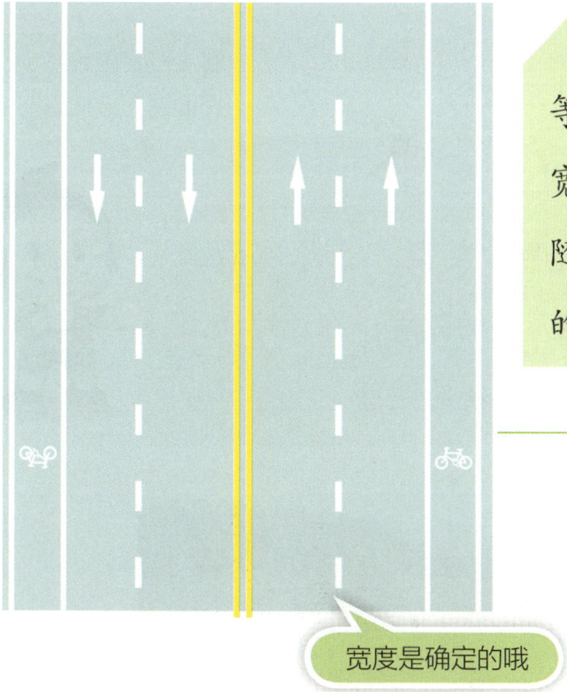


>> 尽管我有不同的技术等级、行政等级，不同的宽度、长度，但我不能随意变化，必须符合相应的标准。

高速公路每个车道的宽度，应是3.75米或者3.50米。

高速公路车道上方的空间，应不小于5米。

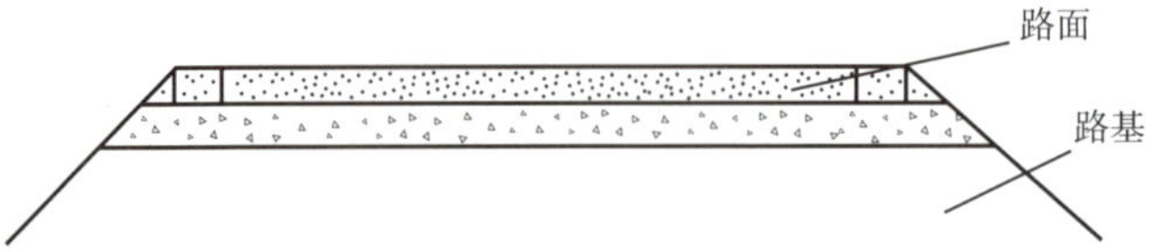

>> 路基分**路堤**、**路堑**两种类型。在原地面上填筑起来的、比地面高的就是我的**路堤**；在原地面上开挖出来的、比地面低的就是我的**路堑**。

▲路堤

▶路堑

>> **路面**直接与车辆和行人“亲密”接触，是公路基础设施中直接提供服务的部分，是公路的“面子”，当然非常重要啦！

路面有沥青路面、水泥路面、砂石路面、砌块路面等多种类型。

**沥青路面**是高速公路的最主要路面类型，又叫黑色路面，特点是：柔软，平整，坏了容易维修。

◀ 沥青路面

▼ 水泥路面

**水泥路面**是县道、乡道的主要路面类型，颜色为白色，有缝、有刻槽。特点是：寿命长，施工可不用大型机械设备。

路基路面，是像汉堡包一样一层一层叠起来的。

正如汉堡包中的面包、肉饼、酱料各有各的作用，路面结构里的每个材料层也是各司其职。

层位及常用厚度

面层：主要是为行车提供平整、舒适、抗滑的表面，最有面子。

基层：主要是承受车辆的荷载作用，最吃苦耐劳。

路基：是路面的基础，默默无闻却又十分重要，“皮之不存，毛将焉附”。

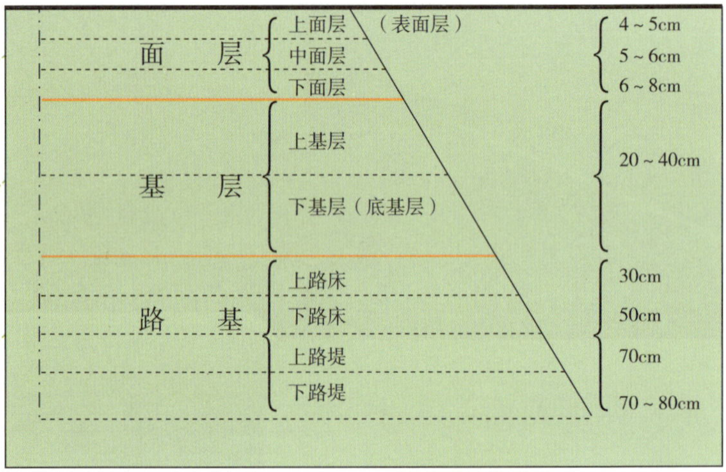


此外，挡土墙、截水沟、急流槽等设施，也都在自己的工作岗位上默默无闻地发挥着作用，它们都是不可或缺的。

>> 为了能够顺利地跨越大江大河、高山峡谷，我有时需要帮助。没有桥梁、隧道等好朋友，公路可就通不了。

▲ 桥梁

◀ 隧道

>> 为了能够给车辆提供更好、更安全的服务，我还需要安全设施、排水设施、环保设施、机电设施等好朋友的辅助，他们统称为公路的**附属设施**。没有他们，公路的服务水平就会大打折扣。

# 知道我是用什么材料做成的吗？

# 同学录

学生照
（身穿统一服装）

名　　字：沈阳—海口高速公路

简　　称：沈海高速公路

住　　址：辽宁、山东、江苏、上海、广东、海南等

年　　级："国家高速公路"级

班　　级："11条南北纵向"班

学　　号：国家高速G15

同　　学：7条放射线、11条南北纵向线、18条东西横向线，又称"71118"组合

身高（长）：3710公里

获得荣誉：沈海高速公路沈阳至大连段为中国大陆开工建设的首条高速公路，又称"神州第一路"

>> 馒头是用面粉制作的，汽车是用钢铁制造的，你知道我是用什么材料制作的吗？答案是：很复杂，嘿嘿。

首先，来了解路基。

这是用细细的土筑造的路基。

这是用一颗一颗的石料筑造的路基。

土，听起来就很“土”，其实它是非常复杂的材料，有很多的疑难杂症和科学难题需要探索。岩土工程就是专门研究土的工程性质的，是运用工程地质学、土力学、岩石力学解决岩石、土的工程技术问题的学科。

那就来看看工程中经常遇到的特殊土吧！

**软土**，顾名思义就是特别“软”、像泥一样的土，天然含水率大，承载能力低。

**黄土**，是一种黄色的粉质土。干燥时强度高、能直立，但是遇水浸湿后会沉陷。黄土大量分布在山西、陕西等省的黄土高原。

**膨胀土**，是一种具有吸水膨胀、失水收缩特性的黏土。这种土大量分布在广西、云南、湖北、四川等地。

失水收缩　　吸水膨胀

**冻土，**是低于0℃且含有冰晶的土。这名字听起来就“冷”，主要分布在东北地区、青藏高原等地。

▶ 因冻土融化产生的公路病害

针对这些工程性质不良的土，公路工程师都有相应的解决办法。

这是采用**强夯（hāng）法**进行地基处理，通俗地说就是用一个大铁锤从高处不断地砸下来，将土砸实，从而提高地基的强度。

这是采用粉喷桩对软土地基进行处理，在地基里整齐地排列一根一根的桩，从而起到加固作用。

>> 其次，来了解路面。举例说明，**沥青路面**是用什么做成的呢？答案是：沥青和砂石。

下面的图是我的“透视照”，黑色的就是**沥青**，灰白色的则是**砂石**。我是不是很有型啊？

就像炒菜时用的食用油，沥青的用量尽管只有5%左右，但是它的品质却对路面性能起到至关重要的作用。

那沥青是什么呢？它是石油炼制的副产品，与煤油、汽油、柴油是肤色不同的“亲兄弟”，它们有一个共同的“妈妈”——石油。石油炼制过程中，轻质的部分先从石油中分离出来，就是煤油、汽油、柴油、燃料油、液化石油气等燃料；重一些的部分晚一步分离出来，得到各种类型的润滑油、润滑脂；剩下最重的部分除了蜡、石油焦等材料，主要就是沥青了。

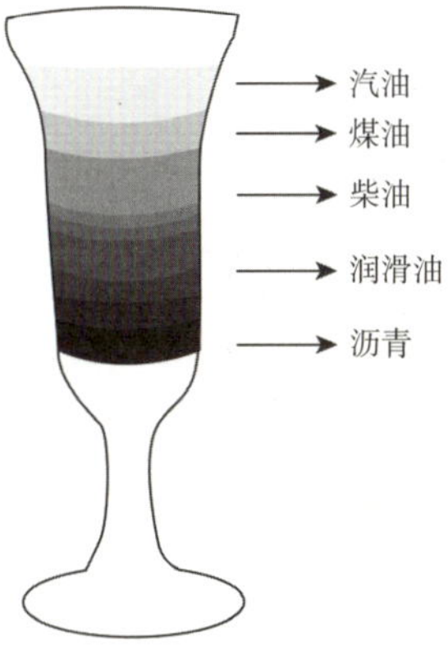


沥青有不同的标号。标号越高的沥青越软，适合在寒冷一些的地区使用；标号越低的沥青越硬，更适合在炎热一些的地区使用。例如，我国寒冷的东北地区用的沥青一般是90号或者110号，而炎热的广东、海南等地用的沥青一般是70号。

沥青是一个“知冷知热”的家伙，对温度很敏感。在零下40℃到零上160℃沥青的施工和工作温度范围内，沥青会随着温度的降低变硬、变脆，随着温度的升高变软、变黏，从低温到高温经历了从固态到半固态再到液态的转化。

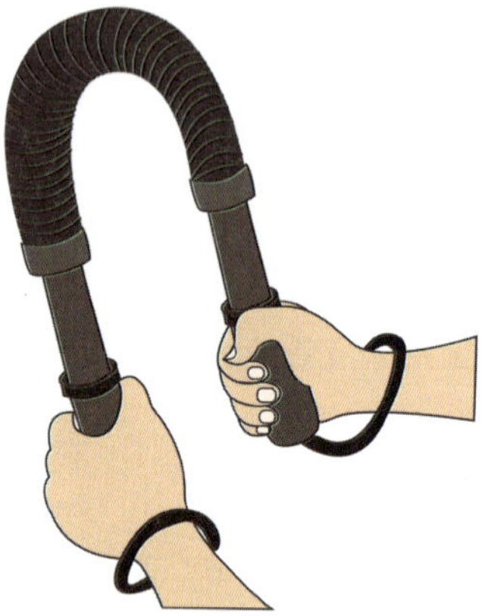

像橡胶一样的弹性

像蜂蜜一样的黏性

像橡皮泥一样的塑性

温度不同，表现出来的黏性、弹性、塑性也就不同。

>> 沥青的温度敏感性，对于工程应用而言是不利的。工程上最喜欢的是既不怕冷、又不怕热的沥青材料。为此，出现了升级版的**改性沥青**，其中最常用的是SBS改性沥青。

>> SBS是日常生活中常见的一种材料。又结实、又耐磨、又有弹性的牛筋鞋底就是SBS做成的。试想一下，牛筋鞋底在夏天依然很硬实吧？在冬天依然很有弹性吧？把它加到沥青中来改善沥青的高温性能和低温性能，也就可以理解了。

>> 另外一种常用的沥青改性剂是**塑料**（PE）。PE也在日常生活中随处可见，例如塑料水管、奶瓶、塑料袋等都是PE做成的。与SBS相比，PE在低温下明显要硬很多，因此PE主要对沥青高温性能有帮助，而对低温性能的改善作用就不大啦。

>> 砂石是制作沥青路面的主要材料，质量占到95%左右。砂石要坚硬、耐磨，而且它的颗粒大小必须符合要求。这种颗粒大小组成被称为“级配”。

不同的级配类型：

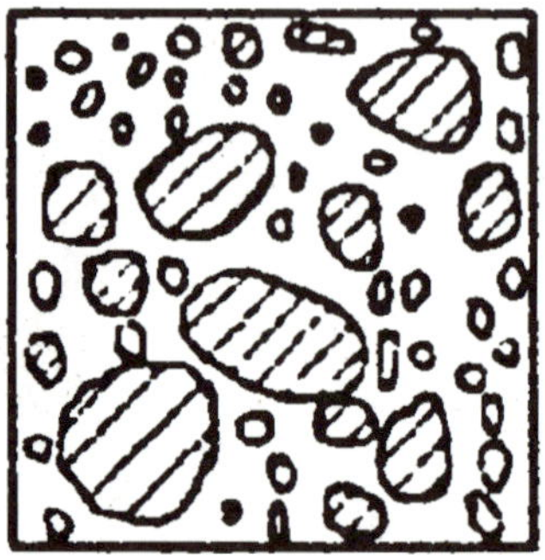

悬浮-密实型

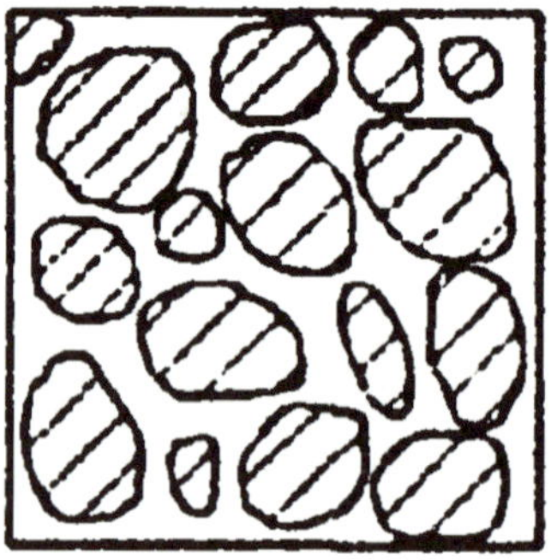

骨架-空隙型

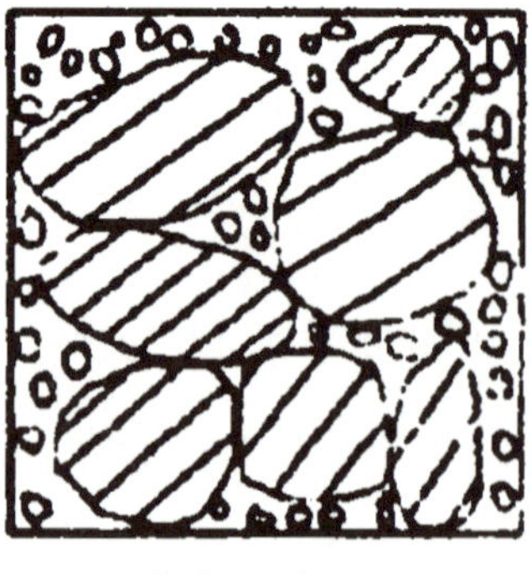

密实-骨架型

除此之外，公路建设和养护中还经常用到**乳化沥青**。乳化沥青是一种将沥青均匀分散到水中形成的乳液。

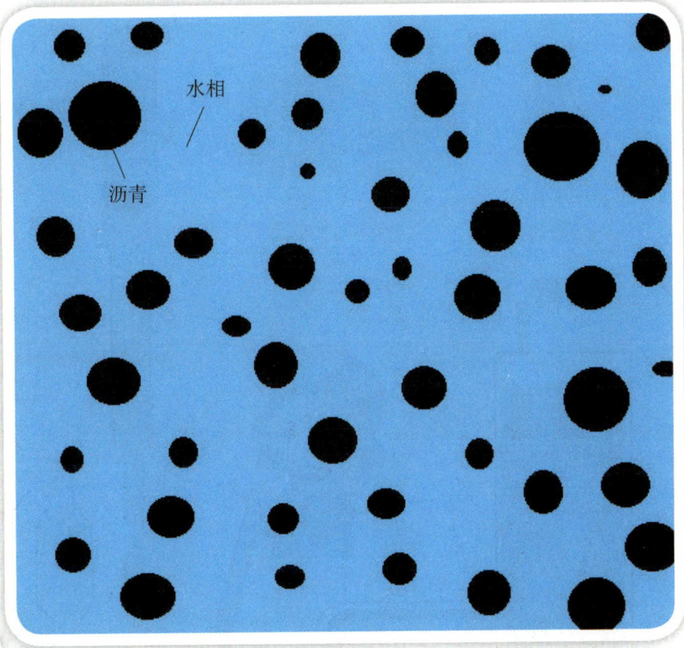

这就是乳化沥青的制作过程了。

# 知道我是如何建造的吗？

# 同学录

学生照
（身穿统一服装）

名　　字：北京—哈尔滨高速公路

简　　称：京哈高速公路

住　　址：北京、河北、天津、辽宁、吉林、黑龙江等

年　　级：“国家高速公路”级

班　　级：“7条放射”班

学　　号：国家高速G1

同　　学：7条放射线、11条南北纵向线、18条东西横向线，又称“71118”组合

身高（长）：1209公里

特　　征：同年级里的“尖子生”（学号最靠前）

获得荣誉：连接首都北京市到黑龙江省哈尔滨市的一条高速公路，连通东北与华北的交通运输大动脉

>> 我必须获得政府有关部门允许建设的各项许可，才能拿到“准生证”。建设过程主要经过**设计**、**施工**两个环节。

>> 设计的内容非常多，因为需要把我的所有要素都确定下来。

>> 一是**选线**，就是在起点、经过地点、终点之间选定一条工人可以施工、不会花费太多钱又能符合使用要求的路线，包括确定基本走向、线位方案，最后确定位置。

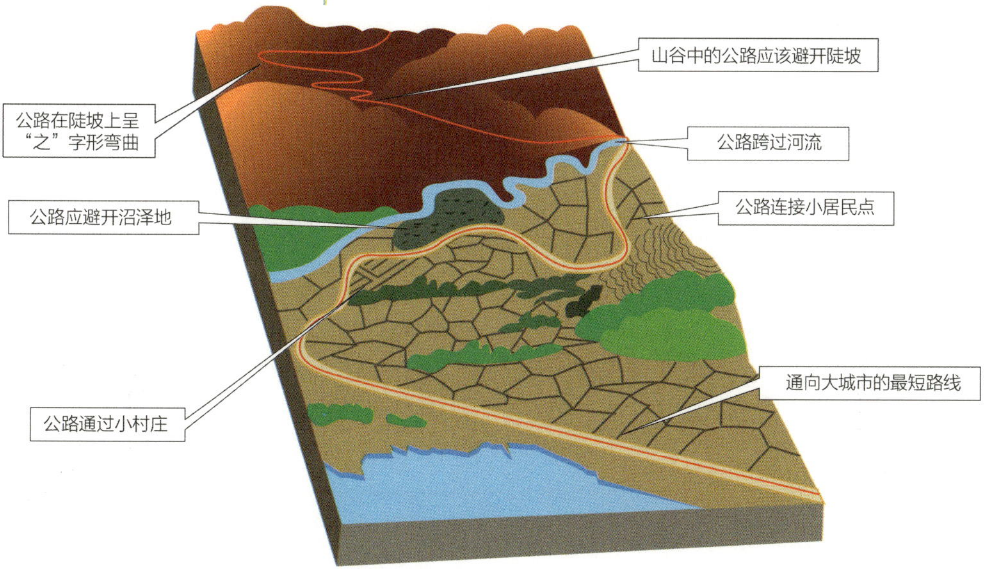

>> 二是要确定公路的**横断面**，包括路基多宽、路面多宽、设几个车道等。

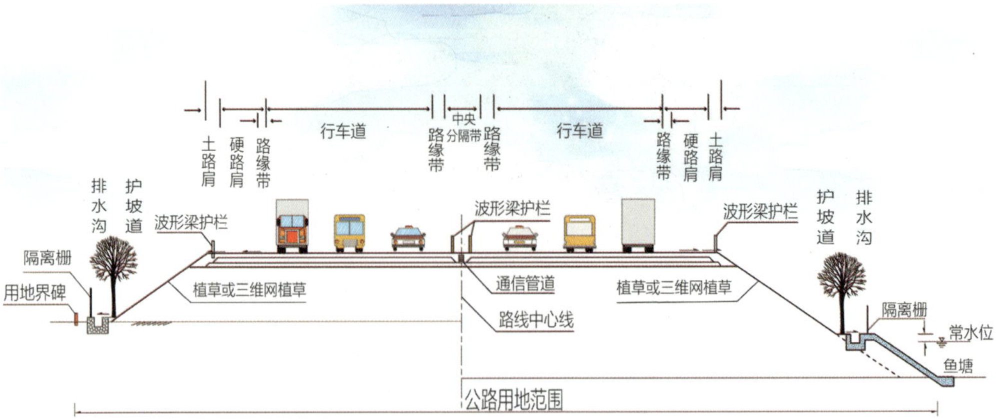

>> 三是要设计公路的**平面线形**。

把三维立体的公路投影到水平面上，就形成了公路的平面线形，它反映的是公路在水平面上的形状、尺寸、位置等信息。

公路不是一条直线，也不是随心所欲的曲线，而是由**直线**、**圆曲线**、**回旋线**三种要素组成的。

公路平面线形并不是越直越好，要避免长距离直线，因为容易引起视觉疲劳，不利于安全驾驶。

采用圆曲线，就需要确定这个圆的半径。半径越小，路线转弯就越急；半径越大，路线转弯就越和缓。有些看上去像直线的路段，实际上也可能是转弯半径特别大的曲线。

而回旋线，则是在直线与圆曲线之间，用于缓和转弯半径突然变化的线。它的存在能让车开得更稳定、车上的乘客更舒适。

横断面也不是一条直线，而是折线或抛物线。中间高、两侧低的横断面称为**路拱**，它有利于路面横向排水。

直线段需要设置路拱，而曲线段则需要将横断面设置成一侧高、另一侧低的样子，这种设计称为**超高**。它的作用是为了抵消车辆在曲线路段行驶时产生的离心力，有利于行车安全。

水平尺是用来测量路面是否水平的工具，数值不为0说明路面不是平的。

>> 四是要进行公路的**纵面线形**设计。沿着公路中线竖直剖切然后展开就是**公路纵断面**，由于自然因素的影响以及经济性要求，纵断面是一条有起伏的空间线。

纵断面设计的主要任务就是根据汽车的动力特性、公路等级、当地的自然地理条件以及工程经济性等，确定纵断面线几何构成的大小及长度，以便达到行车安全迅速、运输经济合理及乘客感觉舒适的效果。

公路纵断面设计的主要成果是**纵断面图**。在纵断面图上有两条主要的线：一条是**地面线**（图中红线），它是根据中线上各桩号位置所对应的高程点绘制的一条不规则折线，反映了沿中线地面的起伏变化情况；另一条则是**设计线**（图中绿线），它是经过技术上、经济上以及美学上等多方面比较后定出的一条具有规则形状的几何线，反映了公路路线的起伏变化情况。

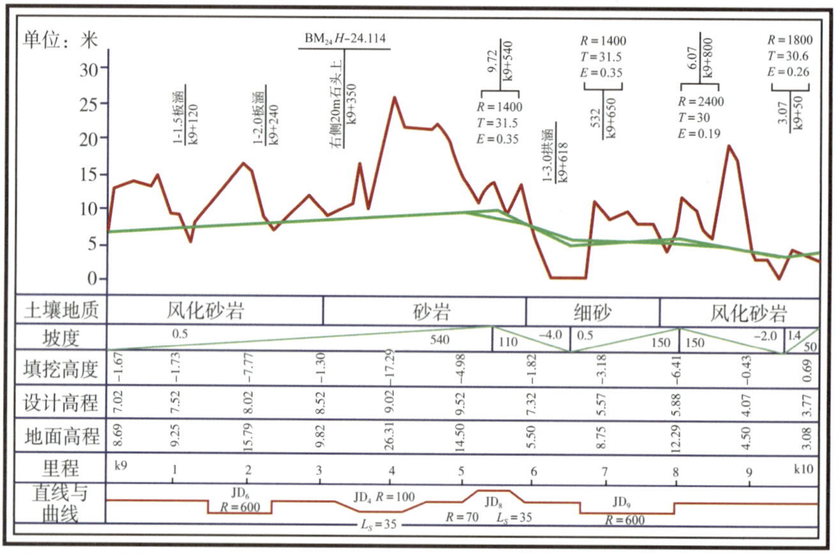


这是一张纵断面设计图，太难懂啦

纵断面设计线是由直线和竖曲线组成的。

把公路的纵断面图与平面图结合起来，就能准确地定出路的空间位置。

公路设计是一个很复杂的过程，这里就不一一列举了，还是把艰巨的任务留给公路工程师吧。

>> 设计完成后，就要按照设计文件的要求，使用工程机械进行公路的**施工**。施工的过程，就是将设计图纸上的公路变成现实世界中真实公路的过程。

施工第一步，**测量**和**放样**，将公路工程师在设计图纸上画的路“放”到大地上。

▶ 测量专用工具

施工第二步，清表，就是清理公路建设范围内的障碍物，比如树根、草皮等。

施工第三步，整平，如果是填方路堤，需要从路基外取土，将土运输并倾倒在路基位置，再用推土机、平地机进行整平。

然后用压路机压实到规定的**压实度**。压实度是非常重要的指标，是压实后的密度与可以达到的最大密度的比值，反映的是压实的程度。如果压得不实，路基就容易松散和破坏。

压路机

为了保证压实效果，路基压实需要注意三点：

一是土的含水率要适宜，过大或者过小都不利于压实。这就像做饭时和面一样，水既不能多也不能少。

二是要分层压实，每一层厚度一般不超过30cm，太厚了就压不透了。

三是要有重的压路机。

如果是挖方路堑，则需要用挖掘机、装载机等进行开挖，然后将挖出的土运离路基范围。

这个机械在挖土

在路基土石方施工的同时，还要进行边沟、截水沟、挡土墙、护坡等的施工，设置这些设施都是为了保证路基能够正常工作。

设置挡土墙、护坡等的目的是对边坡进行防护或者加固，防止他们滑塌下来。

施工第四步，是**路面基层的施工**。

路面基层一般采用水泥和碎石在工厂里搅拌而成的混合料，有时也采用不加水泥的石料，运送到施工现场后用摊铺机摊铺成规定的宽度、厚度，并压实到规定的压实度。

路面基层一般有一层或两层，每层厚20cm左右。

施工第五步，是**路面面层的施工**。

如果是沥青路面，需要将工厂生产的沥青混合料运送到施工现场，用摊铺机摊铺成规定的宽度、厚度，并压实到规定的压实度。

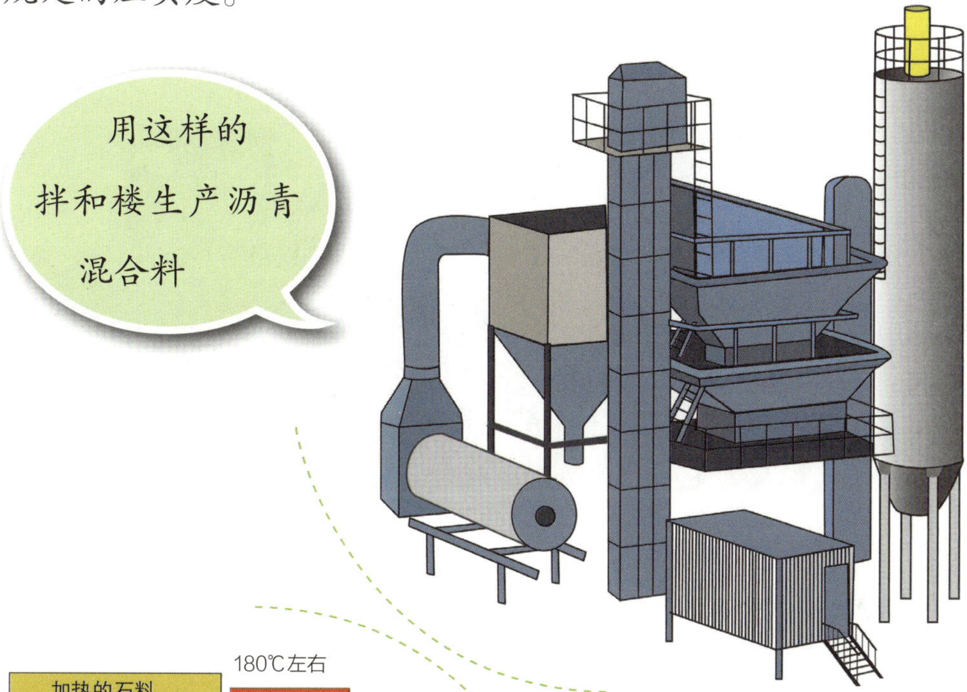


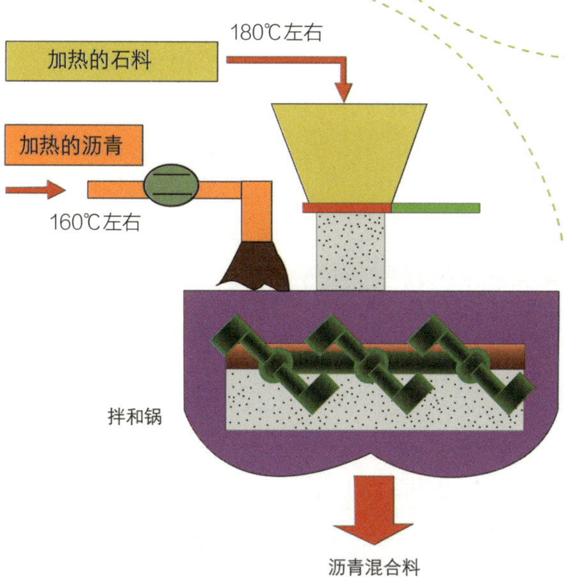

用摊铺机
摊铺沥青混合料

用压路机
将材料压实

为了让每一层的路面之间能连接牢固、形成整体，有时候层与层之间会喷洒称为“黏层油”的黏结剂。

如果是水泥路面，则需将工厂生产的水泥混凝土运送到施工现场，然后再用滑模摊铺机摊铺成规定的宽度和厚度。

因为刚刚摊铺好的水泥混凝土强度还很低，所以一般需要不少于7天的养生来让它变得更强，养生期间是不能有车辆在路面上行驶的。

禁止驶入

是不是看上去我还少点什么呀？

没错，这只是公路的主体结构，主体结构完成之后还要画标线、安装护栏和交通标志等附属设施，然后经过一系列的验收流程后才具备通车条件，我才能够开始为大家服务。

# 4 我病了、老了怎么办呢？

# 同学录

学生照
（身穿统一服装）

**名　　字：** 连云港—霍尔果斯高速公路

**简　　称：** 连霍高速公路

**住　　址：** 江苏、安徽、河南、陕西、甘肃、新疆等

**年　　级：** “国家高速公路”级

**班　　级：** “18条东西横向”班

**学　　号：** 国家高速G30

**同　　学：** 7条放射线、11条南北纵向线、18条东西横向线，又称“71118”组合

**身高（长）：** 4395公里

**特　　征：** 同年级里的“巨人”（身高最高）

**获得荣誉：** “一带一路”上的重要交通大动脉，中国最长的高速公路

我直接暴露在自然界中，寒来暑往、日晒雨淋。车辆每天在我身上压来压去，吃苦耐劳的我，身体会随着时间流逝而不断变差，还会生病。

尤其是超载大货车，杀伤力很大！不仅车受不了，对我的伤害更大。

就好比我只能背10吨的重量，却经常让我背20吨的货物，这个20吨可不是相当于2个10吨，而是需要我付出远超2倍的代价。如果是100吨的重车，可能一次就把我压骨折了。

车那么重，把我建得更厚实、更强壮一些，让我能承受更重的车不就可以了吗？理论上讲是可以的，实际上是不现实的，因为从公路工程角度去应对超限超载问题，需要加厚和增强路基路面结构，代价极高。

>> 我会生的病包括裂缝、车辙、坑槽、沉陷、拥包、泛油、松散等。

裂缝又分为纵向裂缝、横向裂缝。

顺着路线方向的开裂是**纵向裂缝**，这种裂缝主要是由于路基不稳定、不均匀沉降而产生的拉裂。

垂直于路线方向的开裂是**横向裂缝**，这种裂缝主要是由于温度收缩而产生的拉裂。

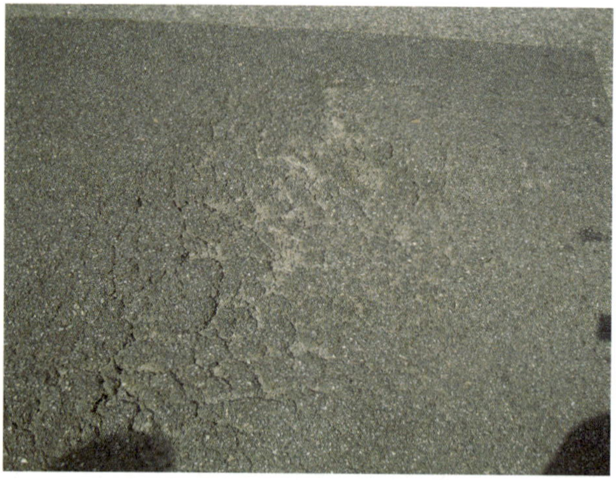

像网一样的裂缝叫做**网裂**，这种裂缝往往是由于路面在车和环境反复作用下而产生的疲劳开裂。

**坑槽**往往是由于路面材料不均匀，空隙比较大的地方容易渗入雨水，然后又在车辆反复作用下形成的。

这是坑槽以及坑槽修补后出现的再次损坏。

路面在车辆荷载作用下产生的不可恢复的永久变形是**车辙**。

这是**泛油**，就是路面中的沥青浮到了路面表面。

>> 在我服役过程中，公路医生会定期用检测设备给我进行体检，查看我的身体情况是否满足继续服役要求。

>> 人的身体状况可以用体温、心率、血压等指标来反映，而我的状况则主要是通过平整度、破损率、车辙深度、路面结构强度等技术指标来表征。

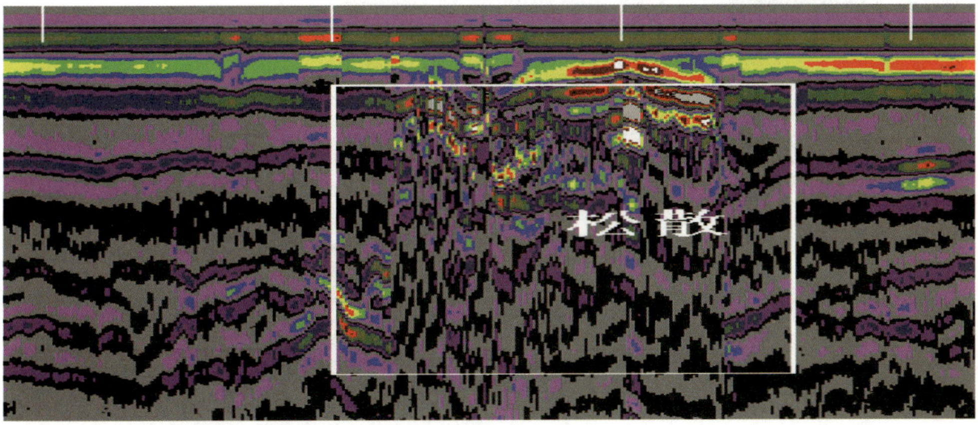


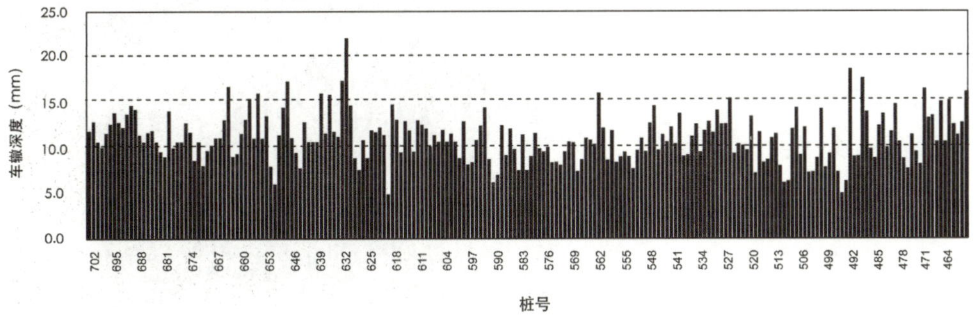

如果发现我的身体状况不能满足继续服役要求，会根据病情严重程度制订“手术”方案，根据方案进行针对性的治疗。

如果是“皮肤病”，只需要在公路的表面进行治疗。

用厚度5～10毫米的稀浆封层。

用厚度5～15毫米的碎石封层。

如果路面开裂了，就要用材料把裂缝补上。

开槽灌缝

贴缝

## 这是厚度只有10毫米的微表处

## 这是厚度几乎为0毫米的雾封层

>> 但是，如果我病得比较严重，可能就要动“手术”。公路医生有很多种“手术方法”来应对我不同的疾病。其中，**铣刨（xǐ bào）重铺**，即刨除生病的部位然后铺上新的材料，是最常用的维修措施。

谁都不希望生病，谁都希望长命百岁，这当然也是我的梦想。现在我的寿命大概只有15年，未来我希望能达到30年、60年，甚至100年。

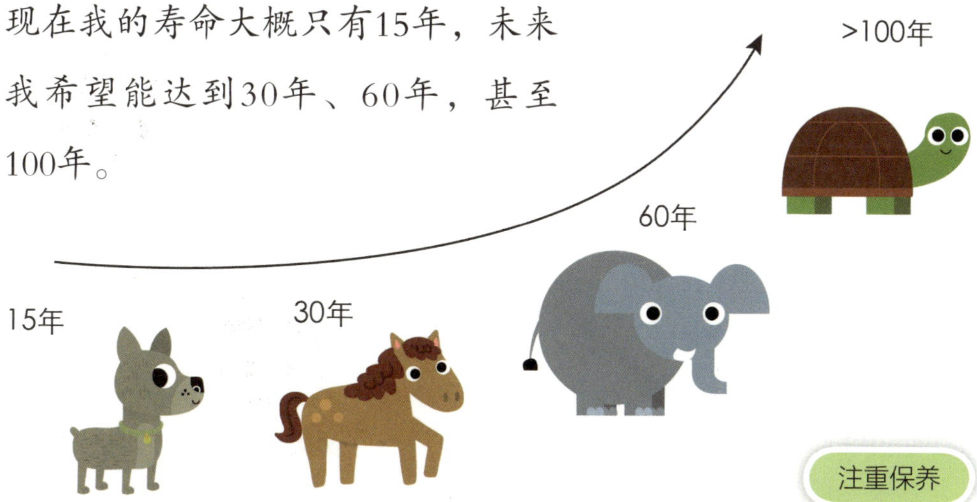

就跟人类越来越重视身体保健一样，公路工程师现在也特别推崇预防性养护，就是在公路表面还没有明显病害时就提前介入，进行针对性的保养。

这件事，真是太贴心了。因为跟人类一样，很多疾病在爆发之前早就已经存在了，只是人类从表面上暂时还看不到、察觉不到而已，就好比“冰山一角”。

>> 无论怎样保养，我的生命总会终结的，那该怎么办呢？

公路工程师研究开发了路面再生和再利用技术，能让我“返老还童”“起死回生”，真牛！

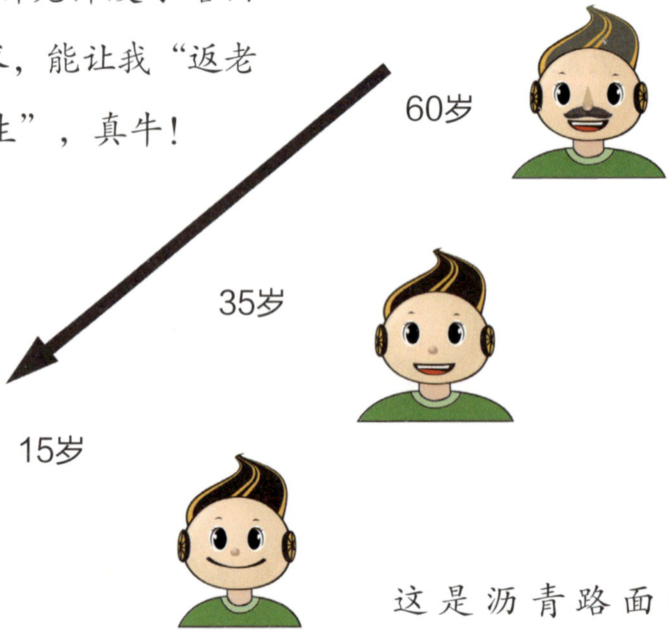


这是沥青路面的**就地热再生**，施工机组经过之处，老路就变成了新路。

这是沥青路面的**就地冷再生**，施工机组可以将破坏特别严重的沥青路面面层再生成路面基层使用。

这是多锤头破碎机，可以将水泥路面就地破损，形成路面基层进行再利用。

# 未来的我会是什么样子啊？

# 同学录

学生照

（身穿统一服装）

名　　字：上海外环高速公路

曾 用 名：上海高速A20公路

住　　址：上海市区和郊区的结合地带

年　　级："省级干线公路"级

班　　级："上海城市道路交通网络"班

学　　号：沪高速S20

同　　学：S1迎宾高速、S2沪芦高速、S4沪金高速、S36亭枫高速等

身高（长）：99公里

特　　征：同年级里最柔软的"特长生"（环形的）

获得荣誉：一条环绕中国上海市的环形城市公路

>> 随着人类生活水平的提高，大家也对我寄予厚望。以前只希望我健健康康、长长久久，现在又给我提出了新的、更高的要求，压力好大啊！

▲ 更安全

▲ 更安静

▼ 更绿色

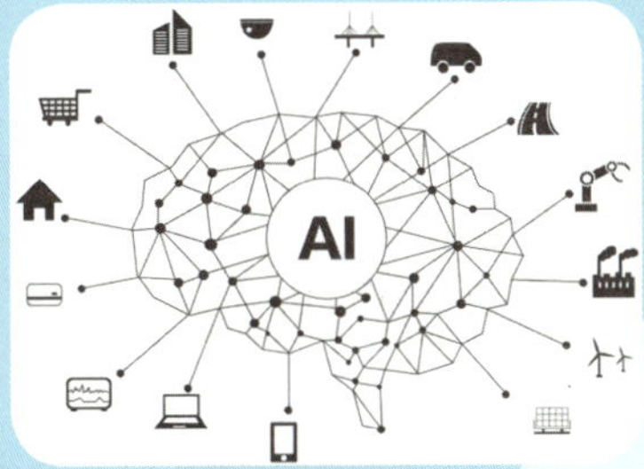


▲ 更智慧

>> 公路工程师一直在努力，技术进步日新月异。我相信，自己的未来会更好！

公路工程师在路面里添加新型的材料来吸附和降解汽车排出的尾气，为减轻雾霾做贡献。

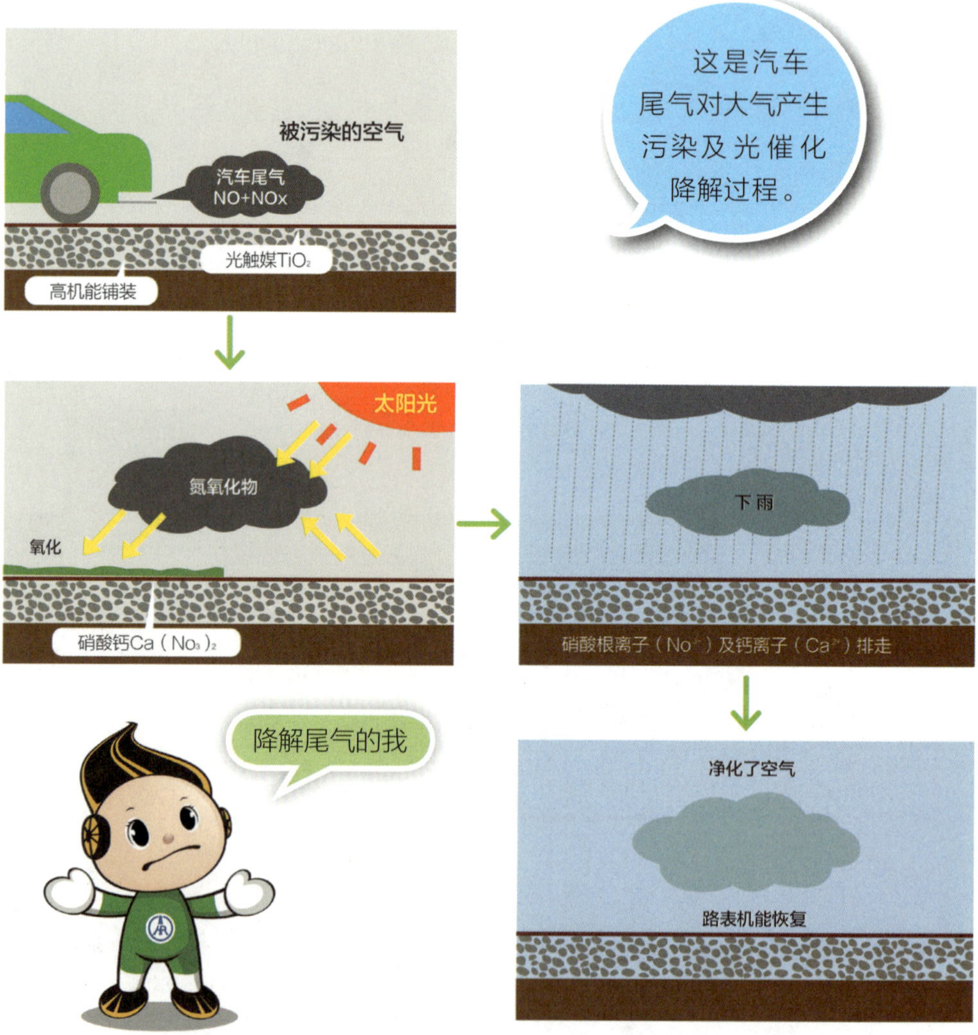

**发光路面**是一种能在夜间闪烁发光的新型功能性路面，具有节能环保、提高安全、营造温馨宜人环境等功能，可用于需要交通诱导、增强景观效果以及缺乏夜间照明等特殊要求路段。

发光的公路

根据发光原理的不同，发光路面可分为主动发光路面和被动反光路面两大类型。他们都是在建造材料中添加一些特殊的物质，让这条路能够自主的或者通过反射来发光。简直是魔术！

车辆在路上行驶会让公路产生能量，而公路可以将这些能量收集起来发电，这就是**压电公路**。

早期，压电公路利用车辆荷载对铺设在公路上的活塞、气缸等机械、机构做功带动发电机发电。现在，主要是在利用压电材料进行发电方面开展研究。

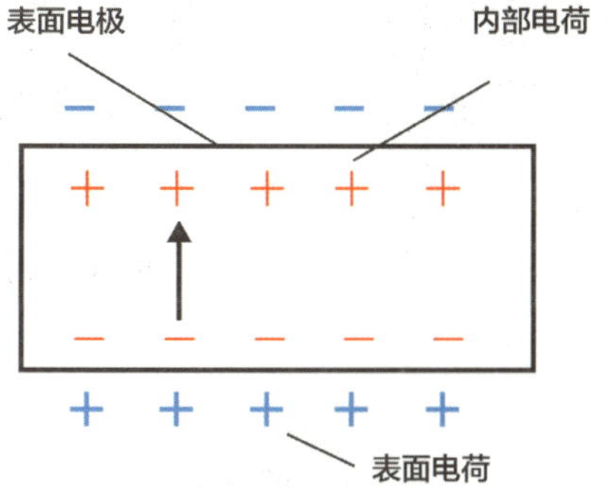

内外电荷平衡

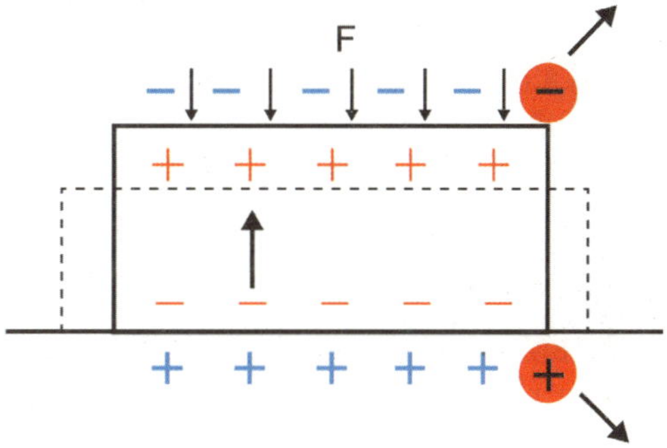

电荷释放

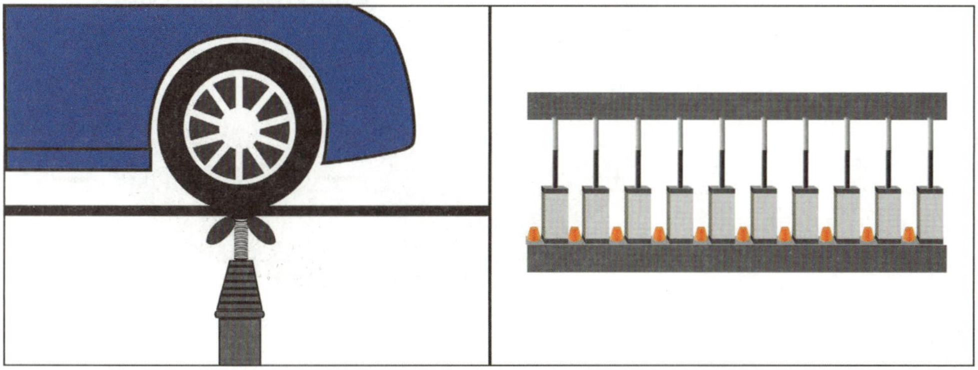
能发电的公路

**透水路面**采用大空隙的沥青混合料，降雨透入到排水层内，然后利用路面横向坡度来排出。通过使用排水路面，雨天路表上无水膜，避免了水漂浮在路面上的现象，同时消除了给跟车能见度带来巨大威胁的行车水雾。

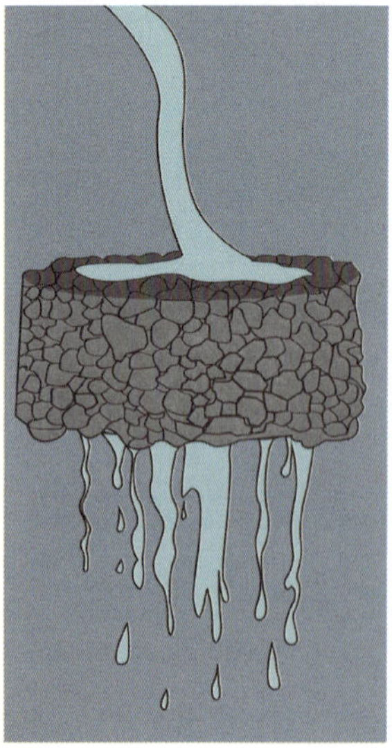

能自动融冰除雪的我

在寒冷地区，一种方式是在路面里铺设加热电阻丝（就像冬天里使用的电炉）或者热水管线（就像爷爷家里的地暖），在雨雪天对路面进行加热。

还有一种方式是将含有盐的材料添加到路面沥青混合料中，或者直接涂刷在路面表面上，从而达到融冰雪的目的。

**地毯式路面**不采用传统的铺筑工艺，而是在工厂里将路面预制好，然后运到施工地点，像铺地毯一样将路面铺出来。

**智慧公路**是能与车辆对话的公路，能将交通信息、公路信息实时与车辆进行交换，这是未来自动驾驶对公路提出的必然要求。

布置作业的时间到了。

请在此处写下你对公路未来发展的期望吧！

畅所欲言，字数不限。

____月____日　　星期____　　　　　　　　天气__________

# 后记 | Afterword

路，是最古老的建筑物，正如鲁迅先生在《故乡》中写的那样，“其实地上本没有路，走的人多了，也便成了路”。古老的路，在二十一世纪依然焕发着勃勃生机，正在变得更安全、更舒适、更环保、更绿色、更智能、更长寿、更多样，不断满足着人们对更美好交通出行需求的向往。

亲爱的小朋友，你知道吗，我们有能加热的路，有能吸热的路；有能排水的路，有能蓄水的路；有能融冰化雪的路，有能吸收汽车尾气的路；有能自发光的路，有能高反光的路；有用工业矿渣建造的路，有用建筑垃圾建造的路；有高抗滑的路，有低噪声的路；有会唱歌的路，有会发出警告的路。随着信息化时代的到来，路也与云计算、大数据、物联网等有机融合，形成了各式各样的智能化公路，就像是给公路装上的眼睛、耳朵和嘴巴，可以与自动驾驶的车辆进行对话，把自己的状态告诉行驶在路上的车辆。未来的公路，必将是能够实现自感知、自报告、自能源、自修复的智慧公路。

真心希望《公路的故事》能够给你带来对未来交通的美好憧憬，开启你的公路梦，放飞自己、追寻梦想，在交通强国建设的大潮中扬帆起航，用勤奋实现梦想，用智慧成就人生。